Birgit Winterhoff

Alles eine Zeitfrage?

Zum Umgang mit unserer Zeit

johannis

Die »Reihe von Frauen für Frauen« wird herausgegeben von Barbara Jakob.

Bildnachweis:
Umschlagbild: V. Rauch
Innenbilder: S. 9: P. Santor; S. 13: G. Schönrock; S. 17: S. Thamm;
S. 25: K. Scholz; S. 29: M. Neufeld; S. 33: R. Schweizer; S. 37:
K. Radtke; S. 41: Schneider/M. Will; S. 45: G. Hettler; S. 53:
R. Geitz; S. 57: W. Rauch; S. 61: I. Csényi-Simonis

Die Deutsche Bibliothek – CIP-Einheitsaufnahme

Johannis-Geschenktaschenbücher
Die Reihe von Frauen für Frauen 07 117
© 2000 by Verlag der St.-Johannis-Druckerei, Lahr/Schwarzwald
Umschlaggestaltung: F. Baumann
Gesamtherstellung:
St.-Johannis-Druckerei, Lahr/Schwarzwald
Printed in Germany   14066/2000

Inhaltsverzeichnis

Ach du liebe Zeit

Wer als Zeitgenosse die Zeichen der Zeit versteht und weiß, was die Stunde geschlagen hat, gehorcht dem Gebot der Stunde und geht mit der Zeit, will er nicht von gestern sein. Wer weiß, dass alles seine Zeit hat, Zeit aber Geld und daher knapp ist, will keine Zeit verlieren, sondern auskaufen und sagt sich daher, wenn es langsam Zeit wird, sozusagen fünf vor zwölf ist, also fast in letzter Minute: Jetzt oder nie!

So ist das mit uns. So reden wir. So leben wir.

Ein Menschenleben dauert im Durchschnitt 75 Jahre – das sind knapp 660 000 Stunden. Davon gehen zwischen 58 000 und 63 000 Stunden für die Arbeit drauf. Damit sind knapp 7–9% unserer Stunden verplant.

In einem Jahr haben wir 12 Monate zur Verfügung oder 52 Wochen. Das sind 8760 Stunden. 1700 davon verschlingen Arbeit und Arbeitsweg. 550 Stunden benötigen wir fürs Essen. Fürs Schlafen bleiben 2950 Stunden und für das Auskurieren von Krankheiten 160 Stunden. Dann bleiben im Jahr etwa 3400 Stunden für Urlaub, Sport, Hobby, Besorgungen, ehrenamtliche Tätigkeit, Fernsehen, Spazierengehen und so weiter. Zu wenig? Immer mehr Menschen stöhnen, dass sie immer weniger Zeit zur Verfügung haben.

»Ach du liebe Zeit«, sagt die Frau, als ihr der Terminkalender deutlich macht, dass die kommende Woche wieder restlos verplant ist.

»Ach du liebe Zeit«, denkt der Schüler, als ihm ein Blick auf seine Armbanduhr klar macht, dass die Deutschklausur in zehn Minuten abgegeben werden muss.

»Ach du liebe Zeit«, sagt der Manager, als er hört, wie viele Menschen ihn heute sprechen wollen.

»Ach du liebe Zeit«, schimpft so mancher, wenn es mit der Zeitplanung hinten und vorne nicht klappt.

»Ach du liebe Zeit« – dieser Stoßseufzer kommt uns bei unterschiedlichen Gelegenheiten über die Lippen.

Schließlich ist Zeit kostbar. Zeit ist Geld. Zeitknappheit wird zum Statussymbol. Mit dem Handy überall und jederzeit erreichbar sein, mit dem Taschencomputer alle Adressen und Telefonnummern auf einen Blick haben – ohne zeitaufwendiges Blättern. Schnell überall sein können. Zeit sparen ist das Motto.

Der französische Dichter Antoine de Saint-Exupéry erzählt eine kleine Geschichte von der Ausnutzung der Zeit:

»Guten Tag«, sagte der kleine Prinz.

»Guten Morgen«, sagte der Händler.

Er handelte mit höchst wirksamen, durststillenden Pillen. Man schluckt jede Woche eine und spürt überhaupt kein Bedürfnis mehr zu trinken.

»Warum verkaufst du das?«, sagte der kleine Prinz.

»Das ist eine große Zeitersparnis«, sagte der Händler. »Die Sachverständigen haben Berechnungen angestellt. Man spart dreiundfünfzig Minuten in der Woche.«

»Und was macht man mit den dreiundfünfzig Minuten?«

»Man macht damit, was man will.«

»Wenn ich dreiundfünfzig Minuten übrig hätte«, sagte der kleine Prinz, »würde ich ganz gemächlich zu einem Brunnen laufen.«

Hat der kleine Prinz nicht begriffen, um was es geht? Was hätte er mit der ersparten Zeit nicht alles anfangen können! Und dann diese Zeitverschwendung! Uns wäre sicherlich Sinnvolleres eingefallen. Jedenfalls wären wir mit der Sache ökonomischer umgegangen. Ersparte Zeit muss schließlich etwas bringen. Zeitgewinn muss rentierlich angelegt werden. Wenn Zeit Geld ist, muss ersparte Zeit Zinsen bringen. Und das darf sie auch. Aber immer und überall? Ist nur das Zeitgewinn, was auch bilanzwirksam werden kann?

Wir spüren: Je mehr Zeit wir sparen, desto weniger haben wir. Die Zeit läuft uns davon. Wir laufen hinterher. Immer hastiger. Es ist schon eigenartig: Zu keiner anderen Zeit hatten Menschen so viel Freizeit zur Verfügung. Aber noch keine andere Generation hat so über Zeitnot geklagt. Viele Güter auf dieser Welt sind ungerecht verteilt. Wenige haben sehr viel, manche einiges und viele sehr wenig. Nur *eins* haben alle Menschen gleich viel: Zeit. Der Schüler und die Hausfrau, der brasilianische Fischer und der deutsche Manager. Für jeden hat der Tag 24 Stunden und das Jahr 365 Tage.

Trotzdem hat man den Eindruck, dass wenige genug Zeit haben und die meisten viel zu wenig.

Zeitknappheit hängt auch damit zusammen, dass viele Menschen möglichst nichts verpassen möchten. Sie springen ziellos hin und her von einem Spaß zum andern, von einer Ablenkung zur nächsten. Hopping – so nennt man diese Lebenseinstellung. Ständig auf Achse sein, überall mal reinschnuppern, nur kein Angebot versäumen, alles mitnehmen, was man kriegen kann. »Ich will alles, ich will alles und zwar sofort, eh´ in mir der letzte Traum zu Staub verdorrt«, hat die Schlagersängerin Gitte Haenning schon vor Jahren gesungen.

Unsere Zeit – Zeit einer Verpass-Kultur. »Kaufen Sie *jetzt*!« – »Rufen Sie *jetzt* an!« »Erfüllen Sie sich Ihre Wünsche *jetzt*!« – »Genießen Sie das Leben *jetzt*!«

Was lange währt, hat keinen Wert. Das Warten

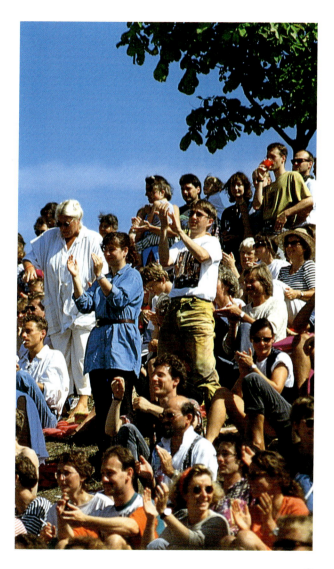

wird verlernt. Es wird eher zum Alptraum. Vorfreude verkommt zum Fremdwort. Ich will alles – und zwar sofort!

Viele kennen es vom Fernsehen. Man öffnet eine Dose Nüsse oder eine Chipstüte und hört erst auf zu essen, wenn alles leer ist. Man kann einfach nicht mehr aufhören. Eine Erfahrung, die auf andere Lebensbereiche übertragen werden kann.

Immer mehr erleben in derselben Zeit. Immer noch einen Termin draufgepackt. Die Zeit ist so ausgebucht und voller Aktivitäten. Der Tag hat aber nur 24 Stunden. Da wird die Nacht zum Tag gemacht, damit man noch mehr Zeit hat. Schlafen ist Zeitverschwendung.

Ein Bild veranschaulicht diese Situation treffend. Wenn man einen trockenen Schwamm in einen Eimer mit Wasser taucht, saugt er sich voll. Wenn er sich mit Wasser vollgesaugt hat, kann er nichts mehr aufnehmen. Alles weitere Wasser ist überflüssig.

Der heutige Zeitgenosse versucht jedoch, obwohl er mit Eindrücken und Erlebnissen randvoll ist, immer mehr zu bekommen. Die Angst vor der Leere steigert die Gier nach mehr. Die Herausforderung heute heißt: In einer Fülle von Angeboten das Richtige aussuchen. Jeder kennt das vom Supermarkt. Man steht mit dem gefüllten Einkaufswagen in der Schlange an der Kasse und hat die Ware im Wagen, die man gern kaufen wollte. Ich schaue gern in die Einkaufswagen der andern Kunden. Dabei entdecke ich viele Dinge, die ich beim Einkaufen nicht gesehen habe oder die ich niemals kaufen würde. Das Angebot ist riesig. Man muss gut auswählen. Durch die Fülle verliert man leicht das Maß und den Maßstab für die Auswahl. Überfluss bringt Überdruss. Das Überangebot macht verdrossen.

Das gilt nicht nur im Supermarkt beim Einkauf, sondern auch bei der Auswahl von Werten und Maßstäben, die im eigenen Leben gelten sollen. Wofür und wogegen soll ich mich entscheiden? Und warum? Ist anderes nicht doch besser?

Immer mehr Menschen gehen Verpflichtungen aus dem Weg, um Zeit für sich zu retten. Keine Lust auf nichts. Kein Zeiteinsatz für etwas, dessen Nutzen nicht von Anfang an hundertprozentig klar ist.

Spaß haben – Spaß erleben ist für viele ein erstrebenswertes Lebensziel. Wir leben in einer Fun-Kultur. Bevor Leute initiativ werden, muss für sie klar sein, dass die Sache auch wirklich Spaß macht. Der Gegenbegriff zu Spaß ist Frust. Frust wird gemieden wie die Pest. Was mit Belastungen und Enttäuschungen und einem großen längerfristigen zeitlichen Einsatz verbunden ist, versuchen sie zu umgehen.

Mir scheint, dass mit der Überbetonung des Spaßes eine Verflachung der Emotionalität einhergeht. Spaß kann man auf die Schnelle haben, Lebensglück nicht. Die Konsumgesellschaft aber lockt permanent in ihrer Werbung und verspricht:

Es ist alles für dich da! Du brauchst nur zuzugreifen!

Wer will da schon warten? Wer kann da noch warten?

Mach mal Pause – feiere Sonntag

Der Beter des 104. Psalms, einem der großen Schöpfungspsalmen der Bibel, kannte noch keine Uhr, jedenfalls noch nicht das, was wir darunter verstehen. Die Taschenuhr wurde erst mehr als 2000 Jahre später erfunden. Er lebte aber nicht zeit-los. Für ihn waren Sonne und Mond Uhrzeiger Gottes. Nicht ihre Stunde zeigten sie an, sondern die Stunden ihres Schöpfers, des Herrn der Zeit – und der Einteilung der Zeit.

Das Jahr wurde durch den Mond in »Monate« geteilt. Die Zeit schießt nicht ungeordnet dahin.

Es gibt Abschnitte, die der Mondwechsel markiert. Noch deutlicher wird dies an der Beobachtung des Auf- und Untergangs der Sonne. Vielen Lebewesen fällt es nicht ein, die Nacht zum Tag und den Tag zur Nacht zu machen. Sie respektieren den ihnen vom Schöpfer zugedachten Rhythmus.

Auch vom Menschen gilt:

»So (das heißt: bei Sonnenaufgang) geht der Mensch an seine Arbeit und an sein Werk bis an den Abend« (Psalm 104, 23).

Ein großer Widerspruch zu unserer Wirklichkeit. Wir leben arhythmisch. Wir arbeiten bis zum Umfallen, dann strecken wir alle viere von uns, zerstreuen uns in einem rasanten Wochenende und nennen das »Entspannung«. Entspannen will man, nicht mehr Feierabend halten.

»Weißt du, was ein englischer, ein französischer und ein deutscher Rentner tun, wenn sie morgens aufstehen?«, wurde ich neulich gefragt.

Und der Frager gab postwendend die Antwort:

»Ein englischer Rentner trinkt einen Brandy und geht in den Club.

Der französische Rentner trinkt einen Cognac und geht mit seinen Freunden Boule spielen. Der deutsche Rentner nimmt eine Herztablette und geht zur Arbeit!«

Ein Witz?

Wer den Abend der Ruhe verloren hat, jagt sich am Tage zu Tode.

Die gesellschaftliche Diskussion um den Feiertag ist keine Lappalie. Es ist eine Anfrage an den gebotenen Rhythmus.

»Der Rhythmus von Anspannung und Entspannung, Tätigkeit und Ruhe ist verloren gegangen.

Der Unrast der Arbeit entspricht die Unrast des Konsums. Wo alles nur auf Leistung abgestellt ist, bleibt die Seele leer«, heißt es in der gemeinsamen Erklärung zur Verantwortung für den Sonntag, die die Deutsche Bischofskonferenz und der Rat der Evangelischen Kirche in Deutschland herausgegeben haben.

Wer von der geteilten Zeit her lebt, bezeugt, dass er nicht durch seine Leistung lebt, sondern allein durch Gottes Gnade.

Die Schöpfungsgeschichte am Anfang der Bibel erzählt, dass Gott den Menschen am Schluss seines Schöpfungswerkes schuf. Und dann ruhte er aus. Gott ruht aus! Gott macht Feierabend. Der erste Tag des Menschen ist ein Ruhetag. Das Leben beginnt mit einem großen Aufatmen und der Freude an allem, was Gott für ihn geschaffen hat. Der Mensch hat teil an der Vollendung des Werkes Gottes. Der Ruhetag ist Gottes Wohltat für seine Menschen. Mit Recht haben Menschen durch die Jahrtausende die soziale Schutzeinrichtung eines Ruhetages genossen. Schließlich ist der Mensch keine Arbeitsmaschine.

Die frühe Christenheit hat schon sehr bald den ersten Tag der Woche als Tag der Auferstehung Jesu Christi gefeiert. Man traf sich, um das Wort Gottes zu hören und das Abendmahl zu feiern. Der Befreier der Menschen, Jesus Christus, wird von keiner Macht und keinem Tod mehr besiegt. Er ist der Herr der Welt. Darum gibt es Grund, ihn zu loben, ihm zu danken. Ob die Wiederentdeckung des Sonntags als Tag der Ruhe nicht lebenswichtig für uns ist?

Viele Menschen klagen: Ach, wenn ich endlich zur Ruhe und zu mir selber finden könnte! Gleichzeitig tun sie alles, um nicht mit sich allein zu sein. In Ruhepausen entdeckt man auch Dinge, die uns unsere Ruhe rauben.

Nicht nur der berufstätigen Frau fällt die liegen gebliebene Arbeit ein, die Fenster z. B., die nötig geputzt werden müssten. Die unerledigte Post, der dringende Anruf. Unerledigtes meldet sich zu Wort, vertreibt die Ruhe, lässt die Muße erst gar nicht aufkommen.

Es melden sich auch Fragen zu Wort: Was habe ich versäumt und vergessen? Wofür rackere ich mich ab? Warum gehe ich die Mehrfachbelastungen ein? Was ist mir wirklich wichtig? Wovon lasse ich mich beeinflussen? Wohin treibe ich? Wofür will ich meine Zeit einsetzen – und wofür nicht?

»Wie viel Feten hast du denn am Wochenende besucht?«, fragen Jugendliche am Montag. Und dann wird ausgetauscht: 5, 9, 11 … Überall mal reinschnuppern, überall die Höhepunkte mitnehmen. Nirgendwo vom Anfang bis zum Ende bleiben.

Mediziner kennen das Sonntagssyndrom. Kopfschmerzen, Erbrechen, elendes Gesamtbefinden. Die Reaktion eines Körpers, wenn der Wochenstress plötzlich endet. Angst vor dem Zur-Ruhe-Kommen?

Eine Frau sucht ihren Mann. Schließlich findet sie ihn ausgestreckt auf dem Sofa. Die Hände auf dem Bauch gefaltet, die Augen geschlossen.

»Was tust du?«, fragt sie ihn. »Du schläfst nicht, du arbeitest nicht, du liest nicht, du hörst keine Musik, du gehst nicht spazieren. Was machst du?«

Er antwortet: »Ich reife!«

Eine absurde Szene?

Dem Muss des Alltags entspricht die Muße des Sonntags. Zeit, einmal alles aus der Hand zu legen: den Beruf und den Haushalt, Termine und Hetze, Verpflichtungen und Sorgen. Dauernder Betrieb macht betriebsblind. Manchmal müssen wir vertraute Orte verlassen, um in Ruhe aus der Distanz Dinge zu betrachten und wieder zu uns selber zu finden.

Die Wiederentdeckung des Sonntags ist eine Herausforderung für uns. Der Sonntag als heilsame Unterbrechung des Alltags, denn ohne Sonntage gibt es nur noch Werktage.

Sonntagfeiern bedeutet: Sich erinnern, dass Gott uns nicht zuerst an die Arbeit stellt. Er gibt uns vielmehr frei.

Der Sonntag – Tag der Menschenfreundlichkeit Gottes. Gott freut sich an seinen Werken und lädt uns ein, mitzufeiern.

Übrigens: Der Gottesdienst ist eine gute Möglichkeit, Gott zu feiern und die Prioritäten zu ordnen. Im Gottesdienst geschieht Standortbestimmung. Der Gottesdienstbesuch ist auch ein Bekenntnis nach außen, mit dem sich Christen sichtbar zu ihrem Herrn bekennen. In einer Zeit des total verplanten Sonntags, der gewaltigen Freizeitmaschinerie, des ausführlichen Sportprogramms oder der gutbürgerlichen Idylle häuslicher

Gemütlichkeit kommt es darauf an zu zeigen, wie lebenswichtig der Gottesdienst ist.

Dazu brauchen wir Mut, gegen den Strom zu schwimmen.

Eine Fabel erzählt:

»An einem Tag kommen Tiere unter einem Baum zusammen, beratschlagen und sprechen: Wir wollen wie die Menschen einen Sonntag haben.

Ein Tier fragt: Was macht denn den Sonntag zum Sonntag? Jedes Tier gibt eine andere Antwort.

Der Löwe meint: Wenn ich eine Gazelle verspeise, ist für mich Sonntag.

Das Pferd sagt: Wenn ich stundenlang Auslauf habe auf einer weiten Koppel, dann ist für mich Sonntag.

Das Schwein grunzt: Wenn ich in einer Dreckmulde sitze und Eicheln verspeise, dann ist für mich Feiertag.

Das Faultier gähnt: Ich muss an einem Ast hängen und schlafen.

Der Pfau prahlt: Sonntag ist für mich dann, wenn ich einen Satz neuer Schwanzfedern erhalte.

Da kommen Menschen vorbei, hören das Gespräch der Tiere und stimmen ein großes Gelächter an.«

Lächerlich?

Alles hat seine Zeit

Kurz vor Weihnachten telefonierte ich mit meiner neunjährigen Nichte.

Der übliche Gesprächsinhalt: Wie geht's? Was macht die Schule? Freust du dich auf Weihnachten?

Die Lage war glänzend, gesundheitlich, schulisch und überhaupt. Beste Aussichten auf fröhliche Weihnachten. Nach dieser Beschreibung der Lage machte meine Nichte eine Pause und fuhr dann fort: »Also weißt du, es gibt gute Zeiten im Leben, und es gibt schlechte Zeiten im Leben. Ich habe jetzt gute Zeiten.«

Eine philosophisch aufgeweckte kleine Nichte hast du da, sagte ich mir und erkundigte mich nach den schlechten Zeiten im Leben. Die Antwort fiel prosaisch aus: »Wenn du ein Bein brichst, hast du schlechte Zeiten!«

Gute Zeiten – schlechte Zeiten – alles hat seine Zeit. Vor etwa 3000 Jahren schrieb ein weiser Mann in Israel, den wir den Prediger Salomo nennen, seine Einsichten über die Zeit nieder. Und je öfter ich seine Worte lese, desto mehr scheint der zeitliche Abstand zu schrumpfen:

»Ein jegliches hat seine Zeit, und alles Vorhaben unter dem Himmel hat seine Stunde:

geboren werden hat seine Zeit,
sterben hat seine Zeit;
pflanzen hat seine Zeit,
ausreißen, was gepflanzt ist, hat seine Zeit;
töten hat seine Zeit, heilen hat seine Zeit;
abbrechen hat seine Zeit, bauen hat seine Zeit;
weinen hat seine Zeit, lachen hat seine Zeit;
klagen hat seine Zeit, tanzen hat seine Zeit;
Steine wegwerfen hat seine Zeit,
Steine sammeln hat seine Zeit;
herzen hat seine Zeit,
aufhören zu herzen hat seine Zeit;
suchen hat seine Zeit, verlieren hat seine Zeit;
behalten hat seine Zeit, wegwerfen hat seine Zeit;
zerreißen hat seine Zeit; zunähen hat seine Zeit;
schweigen hat seine Zeit, reden hat seine Zeit;
lieben hat seine Zeit, hassen hat seine Zeit;
Streit hat seine Zeit, Friede hat seine Zeit.
Man mühe sich ab, wie man will, so hat man keinen Gewinn davon.
Ich sah die Arbeit, die Gott den Menschen gegeben hat, dass sie sich damit plagen.

Er hat alles schön gemacht zu seiner Zeit, auch hat er die Ewigkeit in ihr Herz gelegt; nur dass der Mensch nicht ergründen kann das Werk, das Gott tut, weder Anfang noch Ende. Da merkte ich, dass es nichts Besseres gibt als fröhlich sein und sich gütlich tun in seinem Leben. Denn ein Mensch, der da isst und trinkt und hat guten Mut bei all seinem Mühen, das ist eine Gabe Gottes. Ich merkte, dass alles, was Gott tut, das besteht für ewig; man kann nichts dazutun noch wegtun. Das alles tut Gott, dass man sich vor ihm fürchten soll. Was geschieht, das ist schon längst gewesen, und was sein wird, ist auch schon längst gewesen; und Gott holt wieder hervor, was vergangen ist« (Prediger 3,1–15).

Das ist eine nüchterne Bestandsaufnahme. Es gibt die Zeit. Alles Sein hat seine Zeit. Wie das Leben, so ist auch die Zeit Gottes Gabe. Meine Zeit, die mir geschenkte Zeit, kennt verschiedene Zeiten.

In Zeiten des Glücks erleben wir Zeit anders als in Stunden des Schmerzes – auch wenn der Zeiger der Uhr die gleiche Spanne zurückgelegt hat. Unsere Zeit ist immer gefüllte Zeit. Zeit, die wir erfahren und erleben, die wir selbst gestalten durch unser Reden und Tun. Es gehört zum Geheimnis der Zeit, dass sie uns von Gott in so verschiedener Art geschenkt wird. Zeiten der Freude und Zeiten des Schmerzes finden sich darin, und manchmal liegen sie sehr nahe beieinander.

Ich erlebe das immer wieder in Familien, die innerhalb von kurzer Zeit die Geburt eines Kindes und den Tod eines geliebten Menschen erleben. Freude und Trauer liegen nahe beieinander. Beides gehört zusammen. Beides macht die Unverwechselbarkeit menschlichen Lebens aus.

Wie aber richte ich mich ein in diesen Zeiten?

Wie lebt es sich in der Spannung zwischen Plus und Minus? Es ist eine Lebenskunst, sich darin einzuüben. Die Hoch-Zeiten – kein Problem!

Aber der Alltag? Die Zeiten, von denen der Prediger wenig später sagt: »Sie gefallen mir nicht.«

»Im Annehmen liegt Frieden«, so habe ich gelesen. Ein zutiefst ärgerliches Wort, finde ich. So einfach kann man es sich doch nicht machen. Kein Problem wird gelöst, wenn man die Dinge einfach annimmt. Das macht keinen Sinn. Es hilft niemandem, den Kopf in den Sand zu stecken und so zu tun, als gäbe es Schwierigkeiten und Spannungen nicht.

Im Annehmen liegt Frieden? Ich reibe mich daran, bin ungehalten über diesen naiven Lösungsversuch. Es gibt Prüfungen, die wir durchleben müssen, Kämpfe, die ausgefochten werden, falsche Einstellungen und Gewohnheiten, die abgelegt werden müssen – bei uns selbst und bei andern. Wir müssen doch kämpfen und überwinden, reden, argumentieren, tun – oder nicht?

Im Annehmen liegt Frieden? Davon wird keiner satt und niemand gesund, kein Unrecht begradigt und keine Gewalttat verhindert.

Und doch spricht mich dieses Wort an: Im Annehmen liegt Frieden.

Könnte dies eine verloren gegangene Wahrheit sein, die mich befreit in einer Welt, wo man denkt, dass alles machbar ist? Könnte es sein, dass dies

24

gerade für Menschen, die auf Erfolg ausgerichtet sind, eine wichtige Lektion ist? Ja sagen lernen zu den Umständen und Fügungen des Lebens, letztlich Ja sagen zu dem, was Gott einem Menschen zuteilt an Erfolg und Misserfolg, an Gelingen und Scheitern?

Bei Jesus Christus sehe ich beides. Er hat gekämpft gegen Unwahrheit und geduldig gewartet auf die richtige Stunde. Bei ihm ist beides zu finden. Er entlarvt die Scheinheiligkeit und das Unrecht und deckt Schuld zu. Er nimmt den geduldig an, der noch weit davon entfernt ist, eigenes Unrecht sich und andern einzugestehen.

Er hat die falschen Beschuldigungen durch die Hohenpriester zurückgewiesen und die Verspottung, die Geißelung und das Kreuz erduldet. Das Ja dazu hat sich auch Jesus erkämpft. Im Annehmen liegt Frieden. Kein fauler, vorschneller, oberflächlicher Friede, der beim ersten Windstoß umgeblasen wird, sondern ein starker, tiefer, im Leid, in der Kraft und im Frieden gewurzelter Frieden, der trägt.

Der Weg dahin ist oft lang und unbequem. Ein Ja zu finden zum eigenen Leben, zu seiner Herkunft, seiner Familie, seiner Vergangenheit, seinen Schwächen und Begrenzungen, ist nicht leicht. Ein Ja zu finden zu einer unheilbaren Krankheit, ein Ja zu einer zerbrochenen Beziehung muss erkämpft werden.

Wer Leiden in seiner Tiefe erlebt hat, weiß, dass

dieses Ja eigentlich nur erbeten werden kann. Im Annehmen liegt Frieden. Was auf den ersten Blick wie ein Widerspruch erscheint, ist nur die jeweils andere Seite derselben Sache:

Stillesein und Reden, Kämpfen und Verzichten, Einsatz und Rückzug. Das Gleichgewicht zu halten zwischen Aktion und Kontemplation, zwischen Handeln und Beten, zwischen Kämpfen und Geschehenlassen, ist eine Aufgabe, an der wir lernen müssen.

Im Annehmen liegt Frieden. Darum ärgere ich mich über dieses Wort, und gleichzeitig spricht es mich an. Dies ist es genau, was mir so schwer fällt. Und doch ist hier eine Spur. Es könnte sich lohnen, ihr zu folgen.

Kinder, wie die Zeit vergeht

»Die Zeit tut, was sie schon immer tat: sie verstreicht« (Siegfried Lenz). Wir aber sind mittendrin im Strom der Zeit. Wir stehen nicht am Ufer als distanzierte Beobachter. Die Zeiger der Uhr zeigen nicht nur das abstrakte Verstreichen der Zeit an. Nein, hier verstreicht auch meine Zeit.

»Die Zeit ist ein sonderbar Ding, wenn man so hinlebt, ist sie rein gar nichts. Aber dann auf einmal, da spürt man nichts als sie. Sie ist um uns herum, sie ist auch in uns drinnen. In den Gesichtern rieselt sie, im Spiegel da rieselt sie, in unseren Schläfen fließt sie«, sinniert die alternde Feldmarschallin Werdenberg in Hugo von Hofmannsthals Komödie für Musik »Der Rosenkavalier«.

An die Vergänglichkeit zu erinnern war zu keiner Zeit leicht. Es erforderte immer Mut. Gerade in einer Zeit wie der unseren, wo Jugendlichkeit und Vitalität geradezu verherrlicht werden, ist das alles andere als populär. Wir lassen uns lieber von Schlagersängern wie Udo Jürgens in die Illusion wiegen, »mit 66 Jahren« finge das Leben erst an – und dann würden wir als Oma und Opa erstmals so richtig losfetzen.

Natürlich meint Udo Jürgens das selbst nicht so ganz ernst. Aber ist es nicht typisch für unsere Zeit,

dass man sein Alter verleugnen muss und nur in jugendlichem Look und mit sportlichem Schwung eine Chance hat, als Älterer noch akzeptiert zu werden?

»Unsere Tage zu zählen lehre uns! Dann gewinnen wir ein weises Herz« (Psalm 90, 12).

Von einem Lebensgefühl der immer schneller verfliegenden Zeit und des unaufhaltsam nahenden Endes her erscheinen die Aussagen des Psalms von der Flüchtigkeit und Vergänglichkeit unseres Lebens ausgesprochen aktuell. Das Leben wie ein flüchtiger Hauch, der Mensch wie eine rasch verwelkende Blume, der Tod wie ein unbarmherziges Hingemähtwerden – passt das nicht haargenau zur Beschreibung des rastlosen, gehetzten Menschen unserer Tage, der heute alles haben muss, weil es ein Morgen möglicherweise nicht mehr gibt?

Aber zwischen dem Lebensgefühl des Psalmbeters in alter Zeit und dem ruhe- und rastlosen Zeitgenossen unserer Tage besteht ein fundamentaler Unterschied. Psalm 90 ist ein Gebet. Hier bedenkt ein Mensch sein Leben vor dem Angesicht Gottes. Seine Lebensspanne von 70, 80 Jahren verdampft wie ein Tropfen Wasser auf einem heißen Stein angesichts dessen, dass Gott »von Ewigkeit zu Ewigkeit« ist.

Der Psalmbeter bilanziert sein Leben vom Jenseits der Zeit unter dem Blickwinkel der Ewigkeit

Gottes, sub specie aeternitatis. Da schnurrt ein menschliches Leben auf einen Augenblick, einen Wimpernschlag, zusammen. Aber können und wollen wir unser Leben überhaupt unter diesem Blickwinkel betrachten? Oder versuchen wir nicht stattdessen, der Begrenztheit und Knappheit unserer Zeit, ja selbst der Vergänglichkeit und Vergeblichkeit unseres Lebens zu entkommen?

Wir geben uns alle Mühe, das Leben zu verlängern und zu dehnen, seines definitiven Endes nicht gewahr zu werden. Etwa indem wir die Fiktion der »ewigen Jugend« vorgaukeln und uns gerne das Bild des Alten, der mit 70, 80 Jahren immer noch »fit wie ein Turnschuh« ist, suggerieren. Dazu passt exakt der Werbespot einer internationalen Sportartikelfirma: »Accept no limits!«

»Unsere Tage zu zählen, lehre uns! Dann gewinnen wir ein weises Herz.«

Ein weises Herz schafft Gelassenheit, schafft langen Atem. Es weiß, dass die eigene Zeit aus Gottes Händen kommt und in seinen Händen liegt.
»Meine Zeit steht in deinen Händen« (Psalm 31, 16).

Zeitansage

»Es begab sich aber zu der Zeit ....« So beginnt im Lukasevangelium die Weihnachtsgeschichte. Ein Datum wird nicht genannt. Die Zeitenwende wird beschrieben. Die Personen werden benannt, die zu der Zeit Geschichte machten. Kaiser Augustus bestimmt das Weltgeschehen. Es ist die Blütezeit des Römischen Reiches. Der Staat braucht Steuern. Augustus gibt einen Steuerzählungserlass heraus. Kein besonderes Ereignis aus römischer Sicht.

Statthalter Quirinius repräsentiert als Landpfleger die kaiserliche Herrschaft in Syrien. Er hat die Umsetzung des kaiserlichen Erlasses zu besorgen. Er dürfte dabei nicht ganz uneigennützig vorgegangen sein. Die kleinen Leute sind in Aufregung geraten, sie werden geschimpft haben. Zur Steuer herangezogen zu werden, missfiel zu allen Zeiten. Als rechtschaffene Bürger haben sie sich aber schließlich kreuz und quer durchs Land aufgemacht, um sich bei den zuständigen Ämtern registrieren zu lassen.

Die Stunde des Augustus, die Stunde des Quirinius und – von den Mächtigen nicht einkalkuliert – Gottes Stunde.

Die Ansage einer neuen Zeit. Gott macht unsere Zeit zu seiner Zeit.

Das Jahr des Steuererlasses des Augustus wird zu

einem Jahr des Herrn. Alles, was jetzt geschieht, geschieht »anno domini«.

Größer kann ein Gegensatz kaum gedacht werden. Der Name des Augustus steht für ein goldenes Zeitalter. Augustus, einer der größten Herrscher der Weltgeschichte, ein Mensch, von den Massen vergöttert, der Kaiser ein Gott – und in einem Winkel der Welt wird Gott Mensch.

Jesu erstes Wort verkündet die Zeitenwende: »Die Zeit ist erfüllt, und das Reich Gottes ist herbeigekommen« (Markus 1, 15).

Die Bibel erzählt vom Eintritt Gottes in unsere Zeit in eindrucksvoller Weise: der Stall – die Krippe – elende Menschenschicksale. Menschen sind unterwegs, nachts auf der Straße, stehen vor ausgebuchten Hotels, bekommen Wucherpreise genannt für einen primitiven Unterschlupf, erleben die demütigende Hartherzigkeit ihrer Mitmenschen, die nur an sich selber denken, an den eigenen Vorteil, an das Geschäft des Jahres. Wie sich die Zeiten ähneln! In 2000 Jahren hat es wenig Veränderungen gegeben!

Eine junge Mutter wartet in einem Viehstall auf die Geburt ihres ersten Kindes. Keine Klinik, kein gekachelter Kreißsaal, keine fürsorgliche Hebamme, keine freundliche Krankenschwester, kein Arzt, kein warmes Bett. Nichts!

So tritt Gott in diese Welt ein. Keine Privilegien

für den Herrn der Welt. Kein roter Teppich. Keine schicken Limousinen. Nicht im Rampenlicht der großen Öffentlichkeit ist Gott zur Welt gekommen, sondern auf der Schattenseite unserer Gesellschaft, ganz im Parterre, ganz unten.

Bei einer Weihnachtsfeier im Kindergarten habe ich die Kinder gefragt, warum Gott seinen Sohn nicht im Kaiserpalast in Rom oder in der Königsburg von Jerusalem hat zur Welt kommen lassen, sondern ausgerechnet in Bethlehem, im letzten Winkel der Welt und auch noch in einem Stall. Einen Augenblick nachdenkliche Stille bei den Kindern. Dann meldet sich Sarah, eine pfiffige 5-jährige zu Wort:

»Ist doch klar«, sagt sie, »sonst hätten ja die Hirten mit ihren schmutzigen Stiefeln nicht zum Jesuskind kommen können!«

Die Antwort trifft ins Schwarze. Gott hat diesen Ort gewählt, um für jeden Menschen erreichbar zu sein.

»Als die Zeit erfüllt war, sandte Gott seinen Sohn!« (Galater 4, 4).

Gott kommt mitten in unseren Alltag, mitten in unsere Termine. Er kommt, um Konkurrenz zu machen. Er kommt, damit wir ihm nachfolgen. Er will an der ersten Stelle in unserem Leben stehen. Er will mit unserem Alltag zu tun haben. Er will uns da treffen, wo wir leben und arbeiten. Wo Menschen uns das Leben schwer machen. Wo wir strei-

ten und lieben. Wo wir Angst haben vor der Zukunft. Wo wir unter dem Termindruck stöhnen und
die Hektik kaum ertragen.

»Als die Zeit erfüllt war, sandte Gott seinen
Sohn!«

Schöne Perspektiven in Zeit und Ewigkeit

Bei der Vorbereitung einer Weihnachtspredigt fiel mir der Holzschnitt »Personen mit Stern und Zifferblatt« von Hans-Georg Anniès in die Hand. Das Bild lässt mich seither nicht wieder los. Menschen in einem Tunnel, eng aneinander gerückt, leere Augenhöhlen, die Blicke wie verstört in unterschiedliche Richtungen gerichtet.

Über ihren Köpfen eine Uhr. Eine zeigerlose Uhr. Die Uhr tickt, die Zeit verstreicht – aber was hat die Stunde geschlagen?

Der Uhr im Tunnel fehlen die Zeiger. Jedenfalls sieht man keine. Sollten sie auf der anderen Seite sein?

Kein Licht im Tunnel?

Einer im Tunnel hat eine Perspektive. Mit hochgerecktem Arm weist er die Richtung: Licht im Tunnel! Am Ausgang des Tunnels strahlt ein Stern, ein Stern wie ein Kreuz. Da schau hin! Stern in Kreuzform – Weihnachten und Karfreitag. Christus selbst ist der neue Stern, der über den Menschen aufgeht.

Im letzten Buch der Bibel, der Offenbarung des Johannes, lesen wir im letzten Kapitel das Wort Jesu »Ich bin der helle Morgenstern« (Offenbarung 22, 16).

Der Morgenstern strahlt auf, wenn die Nacht noch dunkel ist. Licht am Ende des Tunnels.

Jochen Klepper sang in finsterer Zeit:
> »Die Nacht ist vorgedrungen,
> der Tag ist nicht mehr fern.
> So sei nun Lob gesungen
> dem hellen Morgenstern!
> Auch wer zur Nacht geweinet,
> der stimme froh mit ein.
> Der Morgenstern bescheinet
> auch deine Angst und Pein!«

Und Heinrich Vogel schloss sein »Sterbegebet« mit dem Vers:
> »Mein Sterbebett steht im Advent,
> Du riefst mich schon bei Namen;
> Dein Morgenstern am Himmel brennt,
> ja, komm, Herr Jesu, Amen!«

Wir leben im Lichte des einen großen Advents: »Die Herren dieser Welt gehen, aber unser Herr kommt«, so hat es der frühere Bundespräsident Gustav Heinemann vor vielen Jahren der christlichen Gemeinde zugerufen.

Kaiser Augustus ist gegangen und sein Statthalter Quirinius. Kaiser Tiberius ebenso wie sein Statthalter Pontius Pilatus. Diktatoren und ihre Schergen – sie hatten ihre Zeit.

Weltreiche, »Tausendjährige Reiche« – zerfallen. Die heute herrschen, gehen ebenfalls. Es gehen auch die, mit denen wir unser Leben teilen. Und wir selber werden einmal gehen.

Wir wissen nicht, wann unsere letzte Stunde geschlagen hat. Nachdem aber Gott unsere Zeit zu seiner Zeit gemacht hat, leben wir in seinem Advent: Unser Herr kommt. Seine Stunde schlägt, wenn unsere Uhren stehen bleiben.

Diese Perspektive verändert das Leben. Wer glaubt, lebt gelassener, zuversichtlicher. Bedrängendes wird vorläufig. Menschen und Mächte haben nicht mehr das letzte Wort. Natürlich bleiben Sorgen und kommen auch wieder. Aber sie haben eine andere Qualität. Sie verlieren ihre letzte Autorität. Das gibt Entlastung im Blick auf die Herren dieser Welt. Es gibt sogar Widerstandskraft. Wir werden widerstandsfähiger gegen letzte Ansprüche weltlicher Machthaber.

Manchmal tut ein Blick in die Geschichte gut. Wie haben Christen anderer Generationen in schwierigen Zeiten geglaubt und gehofft?

Die Bekennende Kirche hat im Jahr 1934, zur Zeit der Hitlerdiktatur, mutig formuliert:

»Jesus Christus, wie er uns in der Heiligen Schrift bezeugt wird, ist das eine Wort Gottes, das wir hören, dem wir im Leben und Sterben zu vertrauen und zu gehorchen haben!«

Woher hatten die Leute, die 1934 so sprechen konnten, den Mut? Woher nahmen sie ihre Zivilcourage?

Sie wussten, dass Gott für sie da ist und regiert und zwar jeden Tag. Der gekommene Herr ist auch der wiederkommende Herr. Ihm gehen wir entgegen.

In der Nacht vom 9. auf den 10. September 1968 starb der große Theologe Karl Barth. Am Abend erhielt er einen Telefonanruf seines alten Freundes Eduard Thurneysen.

Nach einem Austausch über ihre Sorgen angesichts der politischen Weltlage schloss Karl Barth das Gespräch: »Nur ja die Ohren nicht hängen lassen! Denn – es wird regiert!«

Die Gestaltung meiner Zeit

Eine der eindrucksvollsten Uhren, die ich kenne, ist eine alte Kirchturmuhr. Sie ziert den Turm einer norddeutschen Dorfkirche. Ihr Zifferblatt hat keine Zahlen. An ihrer Stelle befinden sich Buchstaben. Wenn man die zwölf Buchstaben nacheinander liest, ergeben sie einen Satz: »Zeit ist Gnade.«

Die Zeit ist Gottes Art, Kredit zu geben. Gottes Geschenke, Gottes Gaben an uns sind immer zugleich mit Aufgaben verbunden. Mit der Zeit ist es nicht anders. Die richtige Gestaltung der Zeit ist eine Herausforderung, vor die Gott uns stellt.

Zeit ist das, was wir aus ihr machen.

Wie gestalten Sie Ihre Zeit? Wie füllen Sie sie aus?

Mit Sicherheit nicht so, wie jener peruanische Schuster, dessen Geschichte ich vor einiger Zeit hörte und die mich fasziniert hat.

»Ein Forscher hatte sich bei Ausgrabungsarbeiten im Geröll einer alten Inkastadt die Schuhe so zerfetzt, dass er schließlich wohl oder übel einen Schuster aufsuchen musste. Er ritt also los und fand am dritten Tag einen. Der Schuster saß vor seiner Tür und ließ sich die milde Abendsonne auf den Kopf scheinen. Der Forscher zeigte ihm die Schuhe. Der Schuster betrachtete sie eingehend und sagte nach einer Weile: »Sie sind kaputt!«

Der Forscher entgegnete geduldig: »Würden Sie so gut sein und sie mir flicken?«

»Einen Augenblick«, rief der Schuster mit einer leichten Kopfbewegung ohne sich anzustrengen in seine Hütte hinein: »Alte, wie viel Geld haben wir noch?«

Dann rumorte es im Haus. Eine Schranktür wurde geöffnet. Ein Kastendeckel klappte. Dann vernahm man das bekannte und beliebte Geräusch des Geldzählens. Endlich kam die Antwort: »Siebzehn Pesos!« Über die bis dahin unbewegliche Miene des Schusters ging ein schmerzliches, bedauerndes Lächeln. Er zuckte die Schultern und sagte mit aller Höflichkeit: »Kommen Sie doch etwa in sechs Wochen noch einmal wieder. Sie werden verstehen, wenn wir noch so viel Geld haben, kann ich jetzt nicht arbeiten!«

Beim Hören dieser Geschichte ist in mir eine Sehnsucht wach geworden: Wenn wir doch *etwas* von dieser Lebenseinstellung hätten! Wenn wir *etwas* davon bei der Gestaltung unserer Zeit berücksichtigen würden! Wenn wir es wenigstens lernen könnten, Ruhezeiten bewusst einzuplanen.

In Südamerika sagten mir die Leute:
»Wir haben die Zeit – ihr habt die Uhr.«

Wenn man Menschen in manchen Teilen dieser Er-

de fragt: »Was bist du?«, dann antworten sie mit ihrer Religionszugehörigkeit, etwa: »Ich bin Muslim, ich bin Buddhist, ich bin Hindu, ich bin Christ.«

Wenn man in Deutschland fragt: »Was bist du?«, dann antwortet der Angesprochene in der Regel mit seiner Funktion.

»Ich bin Sekretärin.« »Ich bin Computerfachmann.« »Ich bin Lehrerin.« »Ich bin *nur* Hausfrau.« Dahinter steckt der Gedanke: Ich bin das, was ich leiste.

Wir definieren uns über unsere Funktion, über unsere Arbeit. Wir beziehen unser Selbstwertgefühl aus unserer Leistung. Natürlich ist Arbeit wichtig. Davon können die erzählen, die ihre Arbeit verloren haben.

Arbeit ist nötig zur Beschaffung der Lebens-Mittel. Aber wenn die Lebens-Mittel zur Lebensmitte werden, dann wird Arbeit zur Droge, zum Glaubensinhalt.

Wer sagt: »Ich bin das, was ich schaffe«, der ist bald geschafft.

Gott sagt uns: »Du bist mehr, als du schaffst! Du bist schon wer, bevor du etwas leistest. Und du bist mir viel wert, auch wenn du nichts leisten kannst. Du bist geliebter, als du es dir träumen lässt, geliebter, als du es ahnst. Und vor allem: geliebter, als du es verdient hast. Du hast ein Ansehen, weil ich, dein Gott, dich ansehe.«

Ein entlastender Gedanke. Bedeutet er doch, dass mein Selbstwertgefühl nicht ausschließlich von meiner Leistung abhängt. Darum muss man auch nicht jeden Preis für den Erfolg bezahlen. Die schönsten Pausen sind nicht lila, sondern die Momente, in denen wir innerlich zur Ruhe kommen und sagen: »Ich bin da. Gott ist da. Und dass ich vor ihm sein und leben darf, das ist an sich schon gut.«

Der erste Lebenstag des Menschen war den biblischen Berichten zufolge der erste große Ruhetag. Gott ruhte am siebten Tag nach getaner Arbeit. Wenn Gott ausruht, muss ich dann als Mensch pausenlos durcharbeiten?

Wenn ich Ruhepausen nicht ganz bewusst einplane, werde ich keine finden. Was nicht einen festen Platz in meinem Wochenplan und im Tagesablauf hat, vergesse ich. Gute Gewohnheiten sind hilfreich.

Ich muss meinen Rhythmus in der Zeitgestaltung finden. Ich muss bewusst Freiräume einplanen.

Das gilt für die Gestaltung des Tages ebenso wie für den Rhythmus der Woche oder des Jahres. Die Gestaltung der Zeit ist eine Herausforderung, vor der jeder und jede täglich steht. Ich muss entscheiden, was Priorität hat und was nicht.

Wenn diese Frage unbeantwortet bleibt, wird man gelebt. Man wird getrieben und darf sich nicht wundern, wenn man unzufrieden wird.

Eine gute Gewohnheit ist der Besuch des Gottesdienstes. Ich brauche den *Gottesdienst* als »Tankstelle«, als Ort, an dem Standortbestimmung geschieht.

Im Gottesdienst lobe ich gemeinsam mit anderen Christen Gott. Gemeinsam danken wir für das, was er uns geschenkt hat und täglich schenkt. Hier erfahre ich Korrektur durch sein Wort. Hier erlebe ich Trost und Ermutigung für meinen Alltag. Hier geschieht durch das Gespräch mit Gott und den andern Christen Wesentliches für meine Zeitgestaltung.

Ich möchte den Gottesdienst für meinen Alltag nicht missen. Ich möchte von ihm her die Woche gestalten.

Meinen Tag beginne ich mit der *Stille vor Gott.* Bevor ich an die Arbeit gehe, bevor die Herausforderungen angepackt werden müssen, möchte ich auf Gott hören und das Gespräch mit ihm suchen. Die tägliche Begegnung mit dem schöpferischen Wort der Bibel ist wie ein Atemholen. Er, der Herr dieser Welt, will mit mir reden. Die Stille vor Gott ist wie ein Aufräumen, Freiwerden und dann Ansporn zu eigenem schöpferischen Handeln.

Mir ist es wichtig, diese Stille am Morgen zu haben, bevor das Telefon klingelt, bevor Menschen Ansprüche an mich stellen, denen ich gerecht werden muss. Außerdem ist der Morgen für mich die Zeit, in der ich am wachsten und aufnahmefähigsten bin. Diese Zeit nutze ich für das Gespräch mit Gott.

Oft melden sich gerade in der Zeit, in der ich die Stille vor Gott suche, Aufgaben zu Wort, die an diesem Tag erledigt werden müssen. Ich habe einen Zettel und einen Stift bereit liegen, um es aufzuschreiben und nicht zu vergessen. Später kann ich den Zettel abarbeiten.

Jetzt werden meine Gedanken nicht von der Frage belastet: Vergisst du auch nichts? Im Gebet bitte ich Gott, mich bei der Gestaltung der Aufgaben zu leiten.

Meine Bitte heißt: »Herr, lass mich tun, was du segnest. Lass mich nicht alles Mögliche gut gemeinte tun. Auch nicht das, was mir Menschen als wichtig einreden. Lass mich tun, was du segnest. Gib mir wache Augen und ein offenes Herz, um unterscheiden zu können.«

Aus der Ruhe heraus, aus dem Aufatmen vor Gott die Zeit gestalten – spannende Herausforderung an jedem Tag.

Ein *Gesprächskreis* oder ein *Hauskreis* hat einen festen Platz im Terminkalender. Ein Abend pro Woche ist dafür eingeplant. Das gemeinsame Bibellesen, das Gespräch und der Austausch mit andern Christen sind so nötig wie die Nahrung. Hier werden Hilfe, Trost, Ermutigung und Korrektur konkret.

Manchmal überlege ich nach langen anstrengenden Arbeitstagen, ob ich mich nicht vom Gesprächskreis am Abend abmelde. Eigentlich bin ich nicht mehr fähig, Neues aufzunehmen. Wenn ich mich dann aufraffe und trotz allem hingehe, denke ich auf dem Heimweg oft: Gut, dass du es gemacht hast. Ich habe zwar nicht viel Neues auf-genommen – dazu wäre ich auch gar nicht fähig gewesen – aber der Austausch mit den andern tat gut, das Gespräch, das gemeinsame Gebet, das Singen.

Zur Zeitgestaltung gehört für mich auch, dass ich bewusst *nichts tue* oder mir *etwas Gutes gönne.*

Mir etwas Gutes gönnen – das kann sehr unter-schiedlich aussehen. Ich kaufe mir z. B. gern einen schönen bunten Blumenstrauß und freue mich an den Farben und den Gerüchen. Ich spiele gern ein spannendes Spiel oder schaue gute Videos an mit meinen Patenkindern. Dabei kann ich richtig ent-spannen.

Von andern weiß ich, dass sie sich mit Freunden zum Kaffeetrinken verabreden oder einen ausge-dehnten Spaziergang machen, ins Kino gehen oder ein Konzert besuchen.

Sich etwas Gutes gönnen – das kann die Lektü-re eines guten Buches sein oder einfach nur die Beine hoch legen und nichts tun.

Wichtig ist, dass wir ein gutes Gewissen haben, wenn wir ausruhen und uns etwas Gutes gönnen.

Sich etwas Gutes gönnen – das ist keine Auffor-derung zu falsch verstandenem Luxus.

Ich halte es mit Sokrates, der einmal über einen Markt bummelte und beim Anblick der vielen Aus-lagen sagte: »Wie zahlreich sind die Dinge, deren ich nicht bedarf!«

Sich Gutes gönnen heißt auch: Höhepunkte schaffen. Vielleicht müssen wir an dieser Stelle neu Phantasie entwickeln. Oft ist es nämlich mit wenig Aufwand zu machen!

Danke Herr

für den leichtsinn
dieses nachmittags
den schreibtischstuhl habe ich
gegen den fahrradsattel
getauscht
und die gegenwart der bücher
gegen die meiner söhne

wenn das meine termine wüssten
                (Wolfgang Vorländer)

Von Zeit zu Zeit schreibe ich auf, was ich erreichen möchte. Ich definiere meine Ziele. Ich erstelle eine Liste und überprüfe sie nach einem halben Jahr. Was habe ich erreicht? Was ist liegen geblieben? Was muss ich noch anpacken? Was streiche ich im Augenblick?

Mir ist es wichtig, realistische Ziele zu formulieren. Das eigentliche Problem ist nämlich nicht die mangelnde Zeit. Das gravierendere Problem ist die Ziellosigkeit und die ungeklärten Lebens- und Arbeitsweisen. Wer keine Ziele hat, hat große Zeitprobleme. Wer keine Ziele hat, weiß nicht, warum er lebt und arbeitet. Der bekommt auch seine Zeit nicht in den Griff.

Auf meiner Liste steht:

Meine persönlichen Lebensziele:

- Was ist im Augenblick das Wichtigste in meinem Leben?
- Für welche Menschen setzte ich meine Zeit ein? Und für welche nicht?
- Welche Kontakte will ich pflegen und welche nicht?

Meine beruflichen Ziele:

- Welchen Stellenwert hat mein Beruf?
- Ist der Zeitaufwand dafür angemessen?
- Welche Verpflichtungen und Tätigkeiten muss ich selber übernehmen? Welche kann ich delegieren?
- Was will ich mit welchen Mitteln bis wann und wodurch erreichen?
- Was tue ich für meine Fortbildung? Welche Angebote nehme ich wahr? Welche nicht?

Meine Ziele in der ehrenamtlichen Mitarbeit:

- Wo möchte ich mich gern engagieren?
- Wo liegen meine Begabungen, die Gott mir anvertraut hat und wo nicht?

- Wo wird mein Dienst gebraucht?
- Was muss ich aufgeben, um den Rücken für neue Aufgaben frei zu haben?

»First things first«, sagen die Engländer. »Die ersten Dinge zuerst!«

Die Formulierung von Zielen hilft mir, meine Kräfte zu konzentrieren. Ich will nicht zu allen möglichen Anfragen ja sagen. Wer sich engagiert und seinen Dienst gut macht, bekommt oft immer mehr aufgeladen. Nein sagen will gelernt sein. Wer an konkreten Stellen ja sagt und sich engagiert, muss an anderen Stellen genau so deutlich nein sagen.

Mir ist eine sinnvolle Zuordnung von einzelnen Aktivitäten wichtig. Mein Kalender sagt nur, was zu tun ist, aber nicht, warum ich es tue.

So nicht:

Ein Mensch hatte einen großen Terminkalender, so wird erzählt. Dennoch wurde er zu klein. Der Mensch kaufte sich einen größeren mit Einteilungsmöglichkeiten der Nachtstunden, disponierte noch einmal, trug sorgfältig alle Tagungen, Sitzungen und Konferenzen ein und sagte zu sich selbst:

»Nun sei ruhig, lieber Freund, du hast alles gut eingeplant, versäume nur nichts!«

Und je weniger er versäumte, umso mehr stieg er im Ansehen und wurde in den Ausschuss A und in den Vorstand B gewählt. Er wurde zweiter und erster Vorsitzender. Er wurde Präsident.

Eines Tages war es dann so weit. Gott sagte: »Du Narr, diese Nacht stehst du auf meinem Terminkalender!«

Zum Schluss

Uhren – eine Betrachtung

Drei Uhren sprechen zu mir. Drei Uhren, die in meinem Leben eine Rolle spielen – Großmutters Standuhr, die Kirchturmuhr an unserer Kirche und meine Armbanduhr. Drei Uhren, die – so oder so – bei uns allen in irgendeiner Form zu Wort kommen. Was Uhren mitzuteilen haben, ist jedem klar: Uhren sagen die Zeit an. Aber sie haben noch eine andere Botschaft.

Die erste Uhr, die ich höre, ist Großmutters Standuhr. Man kann sie übrigens kaum überhören, so laut und eindringlich meldet sie sich zu Wort. Großmutters Standuhr steht hinten links in der Ecke des Wohnzimmers. Groß und wuchtig, mit einem gewaltigen Uhrpendel. An den Ecken ist sie liebenswürdig verschnörkelt und gedrechselt. Ob sie schön ist, weiß ich nicht. Ich weiß nur, dass sie ins Wohnzimmer gehört – seit Generationen bereits. Großmutter hatte sie schon geerbt. Ich kann mir jedenfalls das Wohnzimmer ohne diese Uhr nicht vorstellen. Ein schrecklicher Gedanke, dass sie unter Umständen einmal beim Antiquitätenhändler an der Ecke landen könnte.

Goldfarbene schwere Gewichte halten sie in Gang, lassen die schwarzen Zeiger auf dem silbern

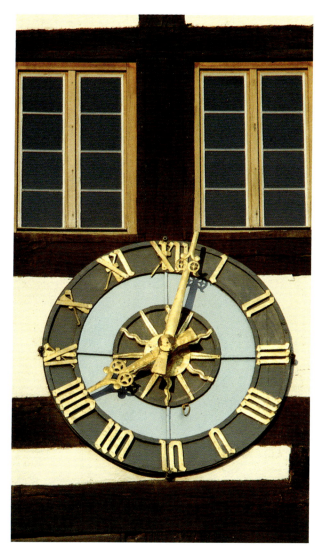

schimmernden Zifferblatt kreisen. Und sie tickt – die Uhr – tagein, tagaus, monoton und schwerfällig, als mache es ihr Mühe zu laufen. Man kann sie deutlich hören – sie tickt nicht leise.

Vor meinen Augen entstehen Bilder aus der Vergangenheit, Bilder, die alle begleitet waren vom Ticken der Uhr. Als Großmutter Großvater heiratete – hier im Wohnzimmer hat man gefeiert, gelacht und vor Freude geweint. Im Hintergrund tickte schon die alte Standuhr. Als Mutter geboren wurde, tickte sie ihren monotonen Ruf. Das Ticken der Uhr begleitete auch Großvaters Sterben. Es war das einzig laute Geräusch im Haus. Alles andere war still, bedrohlich still.

Plötzlich erschrecke ich. Die Bilder, die da vorüberziehen, sind nicht mehr wie ein Film, den ich distanziert betrachten kann. Sie sind kein Schauspiel, aus dem ich mich verabschieden kann, wenn mir Stück und Regie missfallen.

Hier spiele ich ja mit: Geburt, Leben, Tod. Vergangenheit – Gegenwart – Zukunft – drei Akte lang stehe ich auf der Bühne, spiele mit, lache mit, leide mit, liebe mit – und der cantus firmus der Bühnenmusik ist das Ticken jener alten Standuhr.

Und indem ich merke, dass ich mitmache, eigentlich gezwungen bin, mitzumachen, höre ich im Takt des Uhrpendels plötzlich die Worte jenes Predigers Salomo: »Ein jegliches hat seine Zeit, und alles Vorhaben unter dem Himmel hat seine Stunde:

Geboren werden hat seine Zeit, sterben hat seine Zeit. Weinen hat seine Zeit, lachen hat seine Zeit. Klagen hat seine Zeit, tanzen hat seine Zeit. Schweigen hat seine Zeit, reden hat seine Zeit. Lieben hat seine Zeit, streiten hat seine Zeit. Frieden hat seine Zeit.«

Das ist nüchterne, sachliche Bestandsaufnahme. So läuft menschliches Leben ab, so sicher, wie die Uhr tickt.

Mein Blick fällt aus dem Fenster auf den nahen Kirchturm. Über 750 Jahre ist er alt. Die Uhren stammen aus diesem Jahrhundert.

Die Kirchturmuhren rufen die Herrschaft der Zeit wie von höchster Stelle aus. Unübersehbar nicht nur für die Kirchgänger, sondern auch für die hastenden Einkäufer am Freitagmorgen, die in der Einkaufszone im Schatten des Turms nach günstigen Angeboten spähen, ängstlich, zu spät dran zu sein und das ersehnte Stück bereits in der Tasche eines andern zu sehen.

Herrschaft der Zeit, auch für die Pensionäre und Rentner auf der Bank unter dem Turm und für die spielenden Kinder auf dem Kirchplatz.

Zeitmangel bei den Einkäufern dort, Inflation der Zeit hier. Wohin damit? Zu viel Zeit, an gestern zu denken, zu viel Zeit, die Zukunft zu fürchten. Zu viel Zeit, um sie totzuschlagen. Die Kirchturmuhren – sollten sie mir die Herrschaft der Zeit verkünden? Was sind sie dann anders als die überdimensionalen Standuhren?

Und doch, je länger ich hinschaue, desto deutlicher vernehme ich es.

Das unhörbare, ferne Ticken wird zum Zeitmaß: »Jesus Christus gestern und heute und derselbe in Ewigkeit!« (Hebräer 13, 8).

Was der Prediger Salomo mir zurief, waren menschliche Einsichten und Gedanken. Hier nun schwingt das Pendel weiter aus, wird es ein anderes mitsamt dem Schlag.

Ich höre eine Botschaft von draußen, von jenseits der Zeit.

Mir fallen zwei Liedzeilen ein, die beide das Gleiche aussagen. Die eine stammt aus einem alten Choral: »Alles Ding währt seine Zeit, Gottes Lieb in Ewigkeit.«

Die andere Zeile steht in einem neuen Kirchenlied: »Wir haben sein Versprechen, Gott nimmt sich für uns Zeit.«

In seinem Sohn Jesus Christus hat Gott sich für uns Zeit genommen, hat unsere Zeit zu seiner gemacht, seine Zeit zu unserer gemacht.

»Jesus Christus gestern und heute und derselbe auch in Ewigkeit.«

Ist diese Botschaft nur Bekenntnis einer Uhr? Kann ich darüber zur Tagesordnung übergehen nach dem Motto: Ich brauche ja nicht hinzuschauen und nicht zu hören, was es geschlagen hat?

Doch der Anruf bleibt. Und die Uhr läuft ohne

mein Hinsehen. Sie fordert mich auf, diese Botschaft zu meinem Bekenntnis zu machen. Jesus Christus will meine Lebenszeit in seine Hand nehmen. Er will in meinem Leben seinen Platz einnehmen. Er möchte der Herr sein über mein Gestern, über mein Heute und über mein Morgen.

Jesus Christus – Sinnerfüllung und Sinngebung der Zeit. Seine Geschichte begann als Jesus von Nazareth zur Zeit des Kaisers Augustus, wenig verheißungsvoll, obdachlos im Stallasyl. Seine Geschichte endete dreißig Jahre später, trostlos am Galgen, eingerahmt von zwei Kriminellen.

Das ist die eine Seite, die Geschichte, die damals in Palästina spielte und an der Menschen wie Sie und ich beteiligt waren: Gute und Böse, daneben viele Mittelmäßige, Hoffende und Spottende, Satte und Leidende, Durstige und Hungrige. Leute, die Zeit hatten und solche, die keine Zeit hatten.

Und dieser Jesus Christus, gestern, heute und in Ewigkeit? Wenn wir näher zusehen, wie er all diesen Menschen begegnete, wie er handelte und redete, dann blitzt da etwas auf von einer anderen Welt, wo Tod und Sünde ihre Herrschaft verspielt haben. Dann scheint plötzlich das Licht in die Finsternis der Welt des Stalles und überzieht die Finsternis der Todesstunde mit dem Licht des Ostermorgens. Das ist die andere Seite.

Zeitenwende – nichts ist mehr wie vorher. Gott hat gehandelt, an einer Stelle bricht seine Ewigkeit in unsere Zeit hinein. Unsere Zeit erhält durch Jesus Christus ihr Maß und ihre Ordnung. Er hält alle Zeit in seinen Händen.

Das kann nicht ohne Folgen bleiben. Das wandelt mein Gestern, meine Vergangenheit. Meinen Irrtum und mein Versagen, deren Spuren ich überall nur zu gut entdecken kann.

Mein Gestern, das ist mein Leben, wie ich es selber in die Hand genommen habe. Mein Leben, wie ich es selber geführt habe mit Hoffnungen und Wünschen, mit großen Plänen, die so oft ins Nichts zerrannen.

Jesus Christus, der Herr über mein Gestern, das bedeutet: Vergangenes darf Vergangenes bleiben. Der Stein des Grabes ist weggenommen und liegt zwischen mir und meiner Vergangenheit.

Damit ist der Schritt ins Heute frei, in die Gegenwart, über die er auch herrscht. Eine Gegenwart, die frei ist nach vorn gegen das, was mir Angst und Sorgen macht. Jesus Christus ist derselbe in Ewigkeit. Ich bin frei, befreit, mitzuspielen im Laufe der Zeit, mitzugestalten, mein Leben zu leben zwischen seiner Vergebung und seiner Leitung.

Mein Blick fällt auf meine Armbanduhr. Habe ich mich in meinen Gedanken aufgehalten? Habe ich nicht Wesentliches versäumt?

Ich erfahre, wie sie mich wieder antreibt, unerbittlich.

Mit kommt ein Gedichtvers in den Sinn: »Bet´ und arbeit´, ruft die Welt. Bete kurz, denn Zeit ist Geld« (Georg Herwegh).

Ich frage mich, ob ich nichts gelernt habe, gelernt für den Gebrauch meiner Armbanduhr, jener treuen Gefährtin, der Zwillingsschwester meines Terminkalenders. Ich sollte sie neu einstellen. Einstellen auf die Botschaft jener Kirchturmuhren.

Danach wird sie genau so schnell gehen wie bisher. Aber ich werde eine andere sein und vieles anders machen. Der Tag wird weiter vierundzwanzig Stunden haben und der Monat dreißig Tage. Aber die Stunden werden anders sein und der Tag auch. Ich nehme sie aus Gottes Hand. Ich danke ihm. Ich lasse ihn selber zu Wort kommen.

So bin ich der Hast des Tages, der Angst vor dem Versagen enthoben. Gott gehört alles, was mir begegnen wird. Der Tag wird anders. Es ist ein Tag des Herrn, auch wenn er womöglich ein hektischer und ereignisreicher Tag ist.